» Ein guter Mensch bringt Gutes hervor,
weil sein Herz mit Gutem erfüllt ist. «

(Matthäus 12,35)

Alle **Geschenke** und **Extras** zu diesem Buch findest du unter:

www.PaulaPanda.org/extras

ISBN 978-3-96698-099-9 • 2. Auflage 2019

Text: Martin Hahn, Denis Nunekpeku
Layout, Illustrationen: Elisabeth Tejral, heARTwork
Fotonachweis, Foto S. 51: pillART
Bestellung und Vertrieb: Nova MD GmbH, Vachendorf
Druck: Druckerei Theiss GmbH, St. Stefan im Lavanttal

Happy Kids Books - ein Verlagsprojekt des Vereins „Happy Kids"
ZVR Nr. 1778487465, Arbesbach, Österreich

www.PaulaPanda.org • www.Happy-Kids.com

Martin Hahn · Denis Nunekpeku

Paula Panda

Elisabeth Tejral

Der Bambus-Zauberstab

HappyKids BOOKS

Dieses Buch
ist
Emilia
gewidmet.

»Was soll ich mir dieses Mal wünschen?
Einen Kletterbaum? Habe ich. Gute Freunde? Die habe ich auch.
Jetzt weiß ich es! Eine Hängematte mit einem Bambushalter.
Dann kann ich es mir mit meinen Freunden
immer gemütlich machen.«

Die hübsche **Paula Panda**
lebt in einem schönen großen Zoo.
Paula hat alles, was sie sich wünschen kann.
Einen schönen Platz zum Wohnen, liebe Nachbarn
und einen Kühlschrank voll gefüllt mit Bambus.

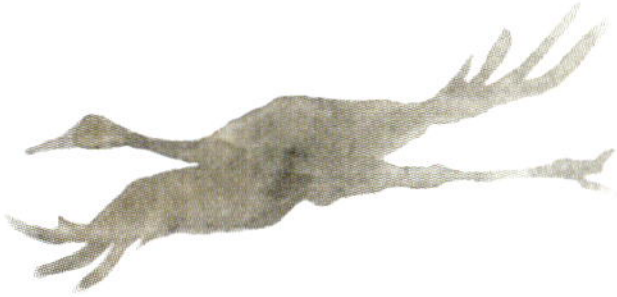

Das sind die besten Freunde von Paula.

Pinguin, Giraffe und Maulwurf.

Am liebsten spielen die vier Freunde Verstecken. Denn hinter Paulas vielen Sachen wird keiner so schnell entdeckt!

Am Abend sind alle sehr müde vom Spielen. Gemütlich kuscheln sich die vier Freunde in der neuen Hängematte aneinander.

»Schau Paula, die da im Fernsehen sehen genau so aus wie du«, sagt der Maulwurf. »Ach Gott Maulwurf, hast du wieder deine Brille verlegt? Siehst du denn nicht, dass der Eine keine Arme hat und der Andere strubbeliger ist als ich?«, antwortet Paula.

»Und außerdem haben die beiden viel weniger Sachen zum Spielen«, fügt Paula noch hinzu.

»Ich sehe vielleicht nicht so gut, aber ich höre sie lachen. Es scheint, als hätten sie Spaß«, meint der Maulwurf.

»Das habe ich doch auch«, sagt Paula.

Die Tage vergehen. Paula hat plötzlich nur mehr wenig Freude an ihren unzähligen Sachen. »Das verstehe ich nicht. Warum lachen die beiden Pandas so viel? Sie müssten eigentlich traurig sein. Sie haben doch nur einen Bambusstab«, ist Paula nachdenklich. »Hmmm … Ist das vielleicht ein Zauberstab? Kann der Pandas fröhlich machen?«

»Ja, so wird es sein«, spricht Paula zu sich selbst. »Ich will auch so einen Stab haben.« Sofort zeichnet Paula den Bambus-Zauberstab und hängt das Bild neben ihrer Hängematte auf.

Ein Tag nach dem anderen verstreicht.
Noch immer hat Paula den Bambus-Zauberstab nicht bekommen.
»Warum dauert das so lange? Normalerweise geht das um einiges schneller«, murmelt Paula schon etwas ungeduldig.
»Vielleicht wurde der Bambus-Zauberstab an jemand anderen im Zoo geliefert«, meint der Maulwurf als er Paula besuchen kommt.

»Das könnte sein. Danke Maulwurf«, sagt Paula und macht sich auf den Weg zu den anderen Bewohnern im Zoo.

Paula fragt ein Tier

nach

dem

anderen.

Aber bei keinem von ihnen
ist der Bambus-Zauberstab angekommen.

Schließlich besucht sie noch den ältesten Bewohner des Zoos, Herrn Orang. »Hallo Herr Orang. Wurde zu Ihnen vielleicht ein Bambus-Zauberstab geliefert?«, fragt Paula voller Hoffnung. »Hallo, meine liebe Paula. Was ist denn ein Bambus-Zauberstab?«, fragt Herr Orang mit alter, weicher Stimme. »Ein Zauberstab, der Pandas wie mich fröhlich und glücklich macht«, erklärt Paula.

»Ah, so ein Zauberstab«, schmunzelt Herr Orang.
»Ja, von diesen Zauberstäben habe ich schon oft gehört.«
»Sie haben davon gehört?«, ist Paula erfreut. »Wissen Sie denn auch, wo es diese Zauberstäbe gibt?«
»Nein. Ich weiß nur, wie sie funktionieren«, grinst Herr Orang.

»Aber wenn der Bambus-Zauberstab nicht zu dir kommt, Paula, dann musst **du** dich auf die Reise machen, und ihn finden!«

»Auf die Reise machen?
Sie sind lustig, Herr Orang. Ich weiß doch gar nicht, in welche Richtung ich gehen sollte«, antwortet Paula. »Hab Vertrauen in dich selbst, Paula. Glaube, und du wirst den richtigen Weg finden«, rät ihr Herr Orang und klettert in sein Baumhaus.

In den darauffolgenden Tagen muss Paula oft an Herrn Orangs Worte denken. Doch sie weiß nicht so recht, was sie tun soll.

»Soll ich gehen?
Ja, ich gehe.
Nein, ich gehe doch nicht.
Ich weiß nicht einmal, wo diese glücklichen Pandas zuhause sind«, hadert Paula mit ihr selbst. »Aber wenn ich hier bleibe, werde ich nie einen Bambus-Zauberstab haben«, erkennt das schlaue Panda-Mädchen.

Da hört sie plötzlich eine leise Stimme in ihrem Kopf: »Paula, höre einfach auf dein Herz und spüre, was du fühlst. Wenn es sich besonders gut anfühlt, ist die Reise bestimmt richtig.«

Was meinst du?

Soll Paula den Bambus-Zauberstab suchen?

Was soll sie auf die Reise mitnehmen?

Am nächsten Morgen beginnt Paula zu packen.
»Hmmm… Das brauche ich. Und das auch. Oh, das muss ich auf jeden Fall dabei haben.« Alles, was sie finden kann, kommt in Paulas Rucksack. Er wird immer voller und voller.

»Das müsste alles sein, was ich brauche«, meint Paula zufrieden.

Aber wie kommt Paula jetzt raus aus dem Zoo?
Überall sind hohe Mauern und Zäune.
»Ich weiß was«, sagt der Pinguin.
»Lass uns eine Räuberleiter machen.«
»Glaubst du, das funktioniert?«,
meint Paula unsicher.
»Bestimmt«, antwortet der
Pinguin voll Vertrauen
in sich selbst.

»Ein Stückchen noch! Geht es noch ein bisschen höher, Pinguin?«, fragt Paula. »Nein, leider nicht«, sagt der Pinguin ganz außer Atem.

»Ich hab eine andere Idee«, sagt der Maulwurf. »Ich grabe einen Tunnel und schwuppdiwupp bist du draußen.« »Ja, das klingt prima!«, ruft Paula und der Maulwurf beginnt wie wild zu buddeln.

»Hilfe! Hilf mir Maulwurf,

dein Gang ist zu eng. Ich stecke fest!«, schreit Paula plötzlich von der anderen Seite der Mauer. Der Maulwurf schiebt und schiebt, aber Paula bewegt sich kein Stück.

Doch dann hat der Maulwurf einen Geistesblitz:
Er holt den starken Elefanten Samson. Dieser schiebt kräftig mit seinem langen Rüssel und schafft es, Paula zu befreien.
»Vielen Dank, lieber Samson. Nun kann ich endlich losgehen.«

»Wohin willst du denn eigentlich Paula?«, fragt Samson neugierig.
»Ich suche die fröhlichen Pandas.«
»Aha, na dann eine schöne Reise«, wünscht Samson.

Als Paula sich gerade von ihren Freunden verabschiedet, fällt Samson plötzlich etwas ein: »Warte Paula! Bevor ich hierher gezogen bin, in das Land der Berge, hat mir eine Freundin erzählt, dass sie schwarz-weiße Bären kennt, die immer am Lächeln sind.«
»Die glücklichen Pandas aus dem Fernsehen. Das müssen sie sein!«, ruft Paula erfreut. »Wo finde ich deine Freundin, Samson?«
»Da entlang«, sagt Samson und zeigt mit seinem Rüssel die Richtung an.
Die Giraffe reicht Paula noch den schweren Rucksack über die Mauer. »Eieiei, was hast du denn da alles eingepackt?«, stöhnt sie.

»Alle meine wichtigen Sachen.
Die brauche ich bestimmt auf meiner langen Reise«,
sagt Paula und schnallt sich den großen Rucksack um.

»Viel Erfolg und
alles Gute, Paula!«,

rufen ihre Freunde ihr noch nach.
Mit jedem Schritt wird der Zoo hinter
Paula kleiner und kleiner.

»Puh, dieser Berg ist eine große Herausforderung für mich! Ich freue mich schon, wenn ich endlich oben bin«, stöhnt Paula außer Atem.

Total verschwitzt erreicht sie schließlich den Berggipfel.
Paula nimmt ihren Rucksack ab und gönnt sich eine Pause.
»Hallo du! Was machst du denn mit so einem großen Rucksack?«,
hört Paula plötzlich jemanden hinter ihr fragen.

»Hallo, ich bin Paula.
Ich suche den Bambus-Zauberstab. Und wer bist du?«
»Ich heiße Hugo. Hugo Hase. Bambus-Zauberstab? Hmmm, ich glaube, davon hab ich schon gehört. Was kann dieser Zauberstab?«
»Er macht Pandas wie mich glücklich«, antwortet Paula.
»Und was ist mit Hugos?«, fragt der Hase.
»Ich weiß nicht, ob er Hugos auch glücklich machen kann«, erwidert Paula. »Bestimmt!«, sagt Hugo überzeugt.
»Ich gehe mit dir. Ich kenne auch eine Abkürzung.«

»Prima!«,
freut sich Paula.
»Aber hast du keinen Rucksack, Hugo?«
»Ich brauche keinen. So ist es viel angenehmer zu reisen.«
»Aber, aber Hugo, benötigst du denn keine Zahnbürste und so?«
»Nö, ich putze meine zwei Zähne mit Stroh«, antwortet der Hase.
»Und was isst du?« »Löwenzahn und Gänseblümchen. Schmecken sehr, sehr lecker. Solltest du auch einmal probieren«, schwärmt Hugo.

Paula wird nachdenklich
und erkennt, dass sie
von ihren
mitgebrachten
Sachen
noch fast nichts gebraucht hat.
Sie beschließt, ein paar Dinge am Berg zu lassen.
»Jetzt ist mein Rucksack viel, viel leichter!
Es fühlt sich an, als würde ich schweben!«, ist Paula nach den
ersten Schritten begeistert.

In den darauffolgenden Tagen verschenkt Paula
noch eine Menge Sachen an Tiere,
die ihr und Hugo auf ihrer
Wanderschaft begegnen.

Eines Morgens treffen sie einen Löwen.
»Hallo Herr Löwe, was machst du denn da?«, möchte Paula wissen.
»Guten Morgen, ihr zwei. Ich grabe mein Essen ein, damit
es frisch bleibt«, antwortet der König der Tiere und gräbt weiter.
»Da wird das Essen ja ganz dreckig. Hast du denn keinen
Kühlschrank?«, fragt Paula entsetzt.
»Nein, einen Kühlschrank habe ich nicht«, meint der Löwe.
»Du kannst meinen haben. Ich brauche ihn nicht mehr.«
Paula zieht den Kühlschrank
aus dem Rucksack und
schenkt ihn dem Löwen.
»Vielen Dank«, sagt der
Löwe und legt sein
Essen sorgfältig hinein.

»Hugo schau, da vorne!«, schreit Paula plötzlich ganz laut.

»Was ist denn? Ich sehe nix«, wundert sich der Hase.

»Dort ist eine Elefantin. Das muss die Freundin von Samson sein! Wir sind da!«, jubelt Paula.

Aufgeregt sausen Paula und Hugo den Hügel hinunter zum großen Rüsseltier.

»Hallo, Frau Elefantin, weißt du, wo die glücklichen Pandas sind?«,

fragt Paula mit großen, hoffnungsvollen Augen.

»Oh, da seid ihr hier falsch. Das ist das Land des Tanzes. Pandas leben nicht hier, sondern im Land des Lächelns. Das liegt dort drüben. Ganz weit weg«, antwortet die Elefantendame.

»Aber bist du nicht die Freundin von Samson?«, fragt Paula nach. »Wer ist Samson? Ich kenne keinen Samson«, meint die Elefantin.

»Samson ist ein Freund aus meinem Zoo. Du siehst genauso aus wie er«, schluchzt Paula.

»Ach ja, das kann sein«,
sagt die Elefantin und holt eine Landkarte aus ihrer Tasche.
»Anscheinend gibt es im Land des Lächelns auch solche wie mich. Vielleicht wohnt dort die Freundin von Samson.«

Enttäuscht wandern Paula und Hugo noch weiter zu einer schönen Oase. »Was machen wir jetzt, Hugo? Wir sind die ganze Zeit in die falsche Richtung gelaufen! Samson war sich ganz sicher, und du hast gesagt, du kennst eine Abkürzung«, spricht Paula traurig zu Hugo.

Etwas verärgert geht Paula ein Stückchen alleine weiter. Sie möchte ihren Begleiter im Moment nicht sehen. Unter einer Kokospalme ruht sie sich aus.

Plötzlich löst sich eine Kokosnuss und plumpst der schlafenden Paula direkt auf den Kopf.

»Geht es dir gut, Paula?«,
fragt eine Stimme neben ihr.
»Naja«, antwortet Paula ein
bisschen benommen.
»Aber, wer bist du?«

Irgendwie
kommt Paula der liebe Hund
bekannt vor, doch sie weiß nicht woher.

»Ich bin Benjamin«, antwortet der Hund.
»Ich habe mitbekommen, dass du dich mit Hugo gestritten hast.«
»Ja, wegen ihm haben wir uns verlaufen.
Jetzt sind wir hier im Land des Tanzes,
und ich habe nichts als
einen Stift, einen Block und
eine nutzlose Tube Sonnencreme.«

»Super«, lacht Benjamin.
»Was ist daran super?«, fragt Paula.
» Mehr brauchst du gar nicht.

Schreibe doch einmal auf,
was dir bis jetzt
an deiner langen Reise
gefallen hat«,

meint der kluge Hund.

»Was mir gefallen hat? Wir haben uns verlaufen.
Da gibt es nichts Schönes daran!«, antwortet Paula.
»Denk genau nach! Auch wenn ihr euch verlaufen habt,
was hast du Schönes erlebt? Hast du etwas Besonderes gesehen?
Hast du jemandem eine Freude bereitet?«,
hilft Benjamin Paula auf die Sprünge.

»Oh ja, da war etwas! Das hätte ich schon fast vergessen.
Ich habe dem Spitzmaulnashorn gesagt,
wie hübsch und stark es ist.
Es hat sich tierisch darüber gefreut.
Das fühlte sich so richtig gut an«,
beginnt sich Paula zu erinnern.

»Na siehst du, das kannst du schon notieren»,
meint Benjamin erfreut.

Noch etwas schwindelig beginnt Paula zu schreiben. Nach und nach fallen ihr immer mehr schöne Begebenheiten und Momente ein.
»Bin fertig«, sagt Paula schließlich. »Und nun?«
»Wie fühlst du dich jetzt?«, möchte Benjamin wissen.
»Viel besser«, lächelt Paula. »Und mein Kopf ist auch wieder gut.«
»Dann lass uns schnell Hugo suchen, damit wir weitergehen können. Komm, Paula.«

Endlich finden sie Hugo in der Oase.

»Hey, Hugo. Es tut mir leid. Obwohl wir uns verlaufen haben, war unsere Reise bis jetzt sehr schön«, entschuldigt sich Paula in der Hoffnung, dass Hugo weiterhin ihr Freund bleibt.

»Alles klar, Paula. Wollen wir weitergehen?«, antwortet Hugo fröhlich und hüpft aus dem Wasser. Paula umarmt ihn erleichtert und sagt: »Ja! Benjamin weiß, wie es weitergeht.«

»Lasst uns aufbrechen«, meint Benjamin.
»Wir haben noch einen weiten Weg vor uns.«

»Wie weit ist es noch? Sind wir schon da?«, fragt Paula gespannt.
»Wir müssen noch diesen Regenwald durchqueren,
dann sollten wir da sein«,
sagt Benjamin
mit einem Lächeln.

Der Marsch durch den Regenwald ist abenteuerlich.

Was erleben die drei Freunde?

Hier kannst du aufschreiben und zeichnen,
welche Herausforderungen
sie im Regenwald meistern.

Endlich erreichen sie
den Ausgang des Regenwaldes.
Und was sehen sie da?

»Paula, Paula! Siehst du das? Da ist ein Dorf mit lauter fröhlichen Affen. Schau mal wie die tanzen!«, schreit Hugo voller Freude. »Vielleicht haben sie auch einen Zauberstab?«

»Herzlich willkommen
in unserem Dorf«,
kreischt die Affenkönigin
erfreut über den Besuch.
»Hallo, Frau Königin«, grüßt Paula
die Anführerin des Dorfes.
»Tiere wie euch habe ich
noch nie gesehen«,
meint Hugo erstaunt.

»Ihr wart wohl noch nie
hier bei uns. Kommt,
ich zeige euch unser Dorf«,
sagt die Königin
freundlich.

Nach der Führung brennt Paula eine Frage auf den Lippen:
»Warum habt ihr denn alle so einen roten Hintern?«
»Ach, das ist schon immer so«, lacht die Königin.
»Da uns keine Haare am Popo wachsen, haben wir ständig
einen Sonnenbrand.«

Paula nickt verständnisvoll, als sie sich plötzlich erinnert:
»Ich habe da noch etwas in meinem Rucksack ...«
Sie nimmt ihn schnell ab, holt eine große gelbe Tube heraus und drückt sie der Affenkönigin in die Hand.
»Was ist das?«, fragt die Königin.
»Das ist Sonnencreme«, antwortet Paula stolz. »Damit könnt ihr eure Popos eincremen und bekommt keinen Sonnenbrand mehr.«

»Wirklich? Was für eine geniale Erfindung!«, lacht die Affenkönigin begeistert.
»Habt ihr das alle gehört? Wir werden von nun an nie wieder einen Sonnenbrand auf unseren Hintern haben!«

»Hurra!

Vielen, vielen Dank, Paula!
Das muss gefeiert werden!«,
jubeln alle Affen.

Hurra!
Hurra!
Hurra!

So feiern alle Dorfbewohner
mit Paula, Hugo und Benjamin ein großes Fest.
Sie umarmen sich und singen und tanzen
vor Freude über die Sonnencreme.

Als Paula das ganze Affendorf
so fröhlich feiern sieht,
sagt sie zu Benjamin mit strahlenden Augen:

»Ich fühle mich gerade richtig gut.
So wie noch nie zuvor.«

»Ja Paula,
es gibt nichts Schöneres und
Bereicherndes, als anderen eine Freude zu machen.

Und merk dir eines, Paula:
Glück bedeutet nicht, viel zu besitzen,
sondern Liebe zu teilen,
ein friedvolles Lebewesen zu sein,
und das zu machen, was du besonders
gut kannst und was dir Freude bereitet.«

Paula schließt kurz die Augen
und denkt über Benjamins Worte nach.

Doch als sie ihre Augen wieder öffnet, ist Benjamin verschwunden.

Paula eilt zu Hugo,

der gerade mit einem hübschen Affenmädchen tanzt.

»Hugo, Hugo! Hast du Benjamin gesehen?«, fragt Paula.

»Nein, hab ich nicht. War der auch mit?«, antwortet Hugo.

»Ja klar, die ganze Zeit«, sagt Paula etwas verwirrt.

»Hilfst du mir bitte, ihn zu suchen?«

Laut

nach Benjamin
rufend
durchkämmen
Paula und Hugo
das ganze
Affendorf.
Sie suchen
in jeder Hütte
und hinter jedem Strauch,
doch sie können ihn

nirgends finden.

Müde vom vielen Herumlaufen
setzen sich die beiden in den warmen Sand am Strand.
Ganz still und ruhig bestaunen sie den wunderschönen
Sonnenuntergang, lauschen dem Rauschen des Meeres
und sehen den Walen beim Spielen zu.

»Das tut richtig gut, einfach still in der Natur zu sein und sie
zu genießen«, sagt Paula nach einer Weile.
»Weißt du Hugo, ich möchte wieder nach Hause. Denn mir ist
klar geworden, dass ich es daheim so unglaublich schön habe.
Das habe ich vor meiner Reise gar nicht bemerkt.«

»Aber was ist mit dem Bambus-Zauberstab?«, wendet Hugo ein.
»Ich glaube, den habe ich bereits gefunden«, schmunzelt Paula.

»Es sind nicht die äußeren Dinge, die uns glücklich machen. Es kommt alleine darauf an, wie du darüber denkst. Mit offenen Augen sollten wir das Schöne um uns sehen und dankbar dafür sein.«

»Du hast recht, Paula. Dann lass uns noch ein paar großartige Tage hier verbringen und danach machen wir uns auf den Heimweg«, schlägt Hugo vor.

»Ja, das ist eine gute Idee, Hugo.
Komm, gehen wir ins Dorf zurück.
Ich möchte noch etwas auf meiner Liste hinzufügen.«

»Gute Nacht. Hab dich lieb, Hugo.«

Glücklich und dankbar schlafen sie ein.

Dankbarkeit ist ein gutes Gefühl und die Anerkennung eines sichtbaren oder unsichtbaren Geschenks, das man erhalten hat oder erhalten wird. Auch unser Leben ist ein Geschenk – daher ist es so wichtig, eine dankbare Haltung einzunehmen.
Die Dankbarkeits Z.A.U.B.E.R.-Formel hilft dir dabei, Dankbarkeit zur Gewohnheit zu machen – wie das tägliche Zähneputzen.
So fühlst du dich Tag für Tag glücklich und zufrieden.

Die Dankbarkeits Z.A.U.B.E.R.-Formel

Zurücklassen und verzichten

Ich besitze sicherlich einige Sachen, auf die ich für einen bestimmten Zeitraum oder ganz verzichten kann. Ich prüfe in Zukunft sehr genau, was ich wirklich brauche.

Anderer Blickwinkel

Wie eine Münze hat jede Situation immer zwei Seiten. Ich versuche, auch unangenehme Dinge aus einem anderen Blickwinkel zu betrachten, und daraus zu lernen. Das hilft mir, Vieles in Zukunft besser zu machen und besser zu werden.

Umfeld Gutes tun

Ich helfe den Menschen aus meinem Umfeld und bereite ihnen Freude.
Das müssen nicht immer greifbare oder materielle Dinge sein – manchmal genügen ein Lächeln oder ein ehrlich gemeintes Kompliment.

Bemerken

Oft betrachte ich Vieles als selbstverständlich und gegeben.
Ich bin umgeben von einer unglaublich schönen und prächtigen Natur.
Viele Menschen helfen mir täglich in meinem Leben.
Ich schätze auch die kleinen Dinge und Aufmerksamkeiten und bedanke mich dafür.

Erinnern

Ich erinnere mich an schöne und aufregende Momente aus der Vergangenheit.
Diese Erinnerungen bereiten mir jetzt ein gutes Gefühl,
machen mich glücklich und geben mir Kraft.

Ritual

Dankbarkeit benötigt Übung.
Durch die tägliche Anwendung der Dankbarkeits Z.A.U.B.E.R.-Formel fällt es mir immer leichter, mich in jedem Moment für Dankbarkeit zu entscheiden.

Ich beginne am besten sofort und **schreibe** oder **zeichne** hier auf,
für "wen" oder "was" ich dankbar bin.

Ich bin dankbar für ...

Mehr zur Dankbarkeits Z.A.U.B.E.R.-Formel
findest du auf www.PaulaPanda.org/ZAUBER-Formel

Das Hörspiel
zum
einzigartigen Kinderbuch

- liebenswerte Sprecher-Stimme
- inspirierende Musik-Komposition von Christoph Hörmann

Einfach herunterladen und verzaubern lassen

www.PaulaPanda.org/Hoerbuch

Martin Hahn

geboren 1987, aufgewachsen in St. Georgen am Walde, Österreich, lebt heute in Buea, Kamerun.

Er ist Autor, Verleger, Ermöglicher. Neben dem Kinderbuch „Paula Panda - der Bambus-Zauberstab hat er auch noch beim Buch „Der Karottenbaum - Conny Pony's Abenteuer" mitgewirkt.

Während eines ehrenamtlichen Projektes mit Kindern in einer Schule in Kamerun entdeckte er seine Herzensangelegenheit. Daraufhin startete er das Projekt „Happy Kids" mit dem Ziel, Kinder dabei zu unterstützen, dass sie zu einzigartigen Menschen heranwachsen und ihre Potenziale entfalten für ein erfolgreiches Leben voller Liebe, Freude und Begeisterung.
Martins große Vision ist eine neue Art der Schule. Eine Schule, die zu einem Treffpunkt wird, wo Kinder spielen und auf diese Weise natürlich lernen, wachsen und ihre Herzensmission finden dürfen. In Buea, Kamerun, hat Martin mit Hilfe der Happy Kids Botschafter und zahlreicher weiterer Unterstützer den ersten Happy Kids Playground errichtet und so den Grundstein für seine Vision gelegt, Kindern eine glückliche und schöne Zukunft zu ermöglichen.

»An dem Tag, an dem wir bewusst 'DANKE' sagen, haben wir den Zauberstab gewonnen, der alles verwandeln kann.«

Omraam Mikhael Aivanhov

Denis Nunekpeku

geboren 1978, lebt im Bergischen Land in der Nähe von Köln, Deutschland.

Nach dem Abschluss des Lehramtsstudiums arbeitet er als Lehrer für die Fächer Biologie und Sport.
Seine Leidenschaft, Neues zu lernen, bewegt ihn dazu, weltweit Persönlichkeitsentwicklungsseminare zu besuchen und sein erworbenes Wissen insbesondere an Kinder und Jugendliche weiterzugeben.

Das Thema Dankbarkeit ist ihm so wichtig, dass er anlässlich der Geburt seiner Tochter Emilia beschließt, darüber ein Buch für Kinder zu schreiben.

»Wenn du erkennst, dass es dir an nichts fehlt, dann gehört dir die ganze Welt.«

Laotse

Happy Kids Playground

Happy Kids Playground – die Schule wird zu einem Treffpunkt und Lernort, wo Kinder spielen und dadurch auf natürliche Weise lernen, wachsen und ihre Potentiale entfalten. Ohne Lehrplan können sie ihren Impulsen folgen und frei entdecken, was in ihnen steckt.

Neben dem freien spielen und lernen gibt es viele Angebote, speziell zu den fünf Lebensbereichen – Lebensinn/Business, Gesundheit, Persönlichkeit/Spiritualität, Beziehungen, Finanzen – die die Kinder freiwillig wahrnehmen können.
Unser Ziel ist, dass Kinder ihre Herzensmission, den Zweck ihrer Existenz finden und das auch als Erwachsene leben können.

Der Projektstandort dieses Treffpunktes und Lernortes ist Buea, Kamerun, Afrika.
Dort geben wir jenen Kindern die Möglichkeit, natürlich zu lernen und zu wachsen, die in keine Regelschule gehen können, da es für ihre Eltern finanziell nicht leistbar ist.

Damit wir es schaffen, noch für viele weitere Kinder Happy Kids Playgrounds errichten zu können, brauchen wir deine Hilfe!

Du kannst uns über folgende Möglichkeiten finanziell unterstützen:

SPENDENKONTO
Kontoinhaber:
Liebe volle Begegnung & Mensch Sein
IBAN: AT15 3299 0000 0402 2109
BIC/SWIFT: RLNWATWWZWE
Lösungswort: Happy Kids Playground

PayPal spende@happy-kids.com

Wir freuen uns auch über deine persönliche Unterstützung vor Ort mit deinen Fähigkeiten, deinem Wissen und deiner Tatkraft.
Mehr zu unserem Happy Kids Volunteer-Programm und mehr zum Projekt findest du unter: www.HappyKidsPlayground.com

www.HappyKidsPlayground.com

Mit jedem Buch wird die **Happy Kids Stiftung** in Kamerun unterstützt.

Dankbarkeits-Tagebuch

Martin Hahn • Denis Nunekpeku • Elisabeth Tejral

- Bewusst den schönen Momenten eines jeden Tages nachspüren.
- Wundervolle Augenblicke finden, für die es sich lohnt, dankbar zu sein!
- Es sind diese kleinen Glücksmomente, die dein Herz öffnen und dein Leben schöner, wertvoller und fröhlicher machen.
- Beschäftige dich jeden Tag mit positiven Gedanken und entdecke so, wodurch du dich wirklich gut fühlst!

Das Dankbarkeits-Tagebuch unterstützt dich dabei, eine Sammlung von allem Positiven in deinem Leben zu erschaffen.

Zusätzlich findest du im Tagebuch noch
52 PaulaPanda-Rätsel- & Ausmalbilder!

ab 7 Jahren

272 Seiten

Hardcover Buch
ISBN 978-3200045378

www.PaulaPanda.org/Tagebuch

Mission: Gemüse-Ninja

Larabella, die *Glücklichheitsfee* Gabriele Sirotek • John DeGiorgio

Tommi lernt an seinem 6. Geburtstag seine *Glücklichheitsfee* Larabella kennen und unternimmt mir ihr einen abenteuerlichen Ausflug.

Er begegnet echten Gemüse-Ninja, die ihm nicht nur ihre coolen Übungen und Tricks beibringen, sondern auch, wie man fit und gesund bleibt, um spannende Abenteuer zu bestehen.
Von seinen neuen Helden lernt er außerdem, warum es so wichtig und vor allem richtig cool ist, sich gesund zu ernähren!

Lernelement - Gesundheits-B.O.G.E.N.
Wie du auf einen Blick erkennst und dir leicht merken kannst, was dir gesundheitlich gut tut!

B ewegung
O bst & Gemüse
G ute Fette
E iweiß in jeder Mahlzeit
N atürliches Wasser

als Basis für eine ausgewogene Ernährung und Gesundheit.

ab 5 Jahren • Hardcover Buch
ISBN 978-3-9519915-7-3

www.Larabella.net

Investiere in die Entfaltung der Talente, Potenziale und Persönlichkeiten der Kinder in deinem Ort!

Projekt Kinder - unsere Zukunft

Kinder sind die Zukunft in unser Welt

Was wir jetzt in unsere Kinder investieren, das werden wir, und auch die Kinder selbst, später ernten. Wir haben die Wahl: Überlassen wir unsere Kinder der durchwegs negativen Welt, voll mit Angst, Druck und Selbstzweifel. Oder säen wir Vertrauen, Wertschätzung und Liebe, damit sie aufblühen und ihre einzigartigen Talente und Potentiale entfalten und sie zu außergewöhnlichen Persönlichkeiten heranwachsen.

„Eine herrliche Zukunft braucht außergewöhnliche Menschen und außergewöhnliche Ideen für außergewöhnliche Erfolge! In jedem von uns schlummern außergewöhnliche Potentiale, die nur darauf warten, geweckt zu werden.“ Zitat

Wir suchen Unternehmer, Selbständige und Vereine, die mit ihrem Mut die Zukunft gestalten!

Mit den Botschaften in unseren Büchern ermutigen wir Kinder, ihre Potenziale und Talente zu entfalten. Die Bücher unterstützen die Kinder bei der positiven Persönlichkeitsentwicklung und Charakterbildung, stärken das Selbstbewusstsein und vermitteln wichtige Werte für ein gelingendes und glückliches Leben.

Mit dem Projekt „Kinder - unsere Zukunft“ kannst du in deinem Wohnort den Kindern in der Grundschule oder im Kindergarten ein Buch und/oder eine Lesung schenken.

- Der Karottenbaum - Conny Pony's Abenteuer
  Spielerisch Träume, Visionen und Ziele verwirklichen
- Paula Panda - Der Bambus-Zauberstab
  Spielerisch zu einem glücklichen Leben mit der Dankbarkeits Z.A.U.B.E.R.-Formel

Mehr Informationen zum Projekt und den Büchern findest du online!

www.Kinder-unsere-Zukunft.net

Danke
für dein offenes
Herz.

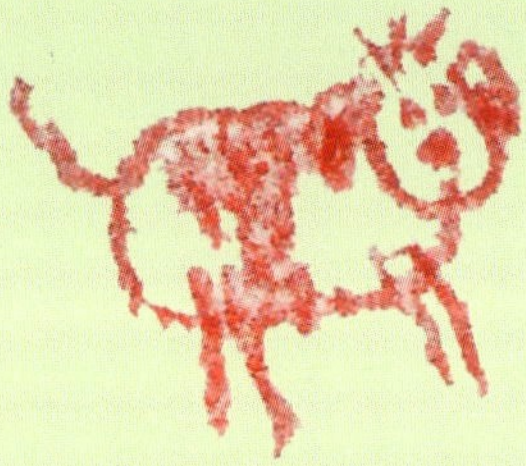